Quiero ser maestro

QUIERO SER

Maestro

DAN LIEBMAN

FIREFLY BOOKS

A FIREFLY BOOK

Editado por Firefly Books Ltd., 2001

Primera impresión

Cataloguing in Publication Data available.

Liebman, Daniel
   Quiero ser maestro

ISBN 1-55209-572-X (cubierta rigida)
ISBN 1-55209-570-3 (cubierta flexible)

Editado en Canadá en 2001 por
Firefly Books Ltd.
3680 Victoria Park Avenue
Willowdale, Ontario, Canada
M2H 3K1

Editado en los Estados Unidos. en 2001 por
Firefly Books (U.S.) Inc.
P.O. Box 1338, Ellicott Station
Buffalo, New York, USA
14205

Photo Credits

© Al Harvey, pages 5, 10, 15, 19, 20, front cover
© Photodisc, p. 6, 16
© Eyewire, pp. 7, 23, 24, back cover
© First Light/R. Goldman, p. 8
© CORBIS/Annie Griffiths, p. 9
© First Light/Tom & DeeAnn McCarthy, p. 11
© Peter Garfield/The Stock Market, p. 12

© CORBIS/Kevin Fleming, p. 13
© First Light/P. Coll, p. 14
© CORBIS/Angela Hampton, p. 17
© First Light/J.L. Pelaez, p. 18
© CORBIS/Lowell Georgia, p. 20
© Mug Shots/The Stock Market, p. 22

Diseño gráfico por Interrobang Graphic Design Inc.
Impreso y encuadernado en Canadá por Friesens, Altona, Manitoba

Los editores agradecen la asistencia financiera del Gobierno de Canadá para sus actividades de edición, a través del Programa de Ayuda para el Desarrollo de la Industria de la Edición.

Otro día atareado para los alumnos y los maestros.

Los maestros se esfuerzan para que sus clases sean interesantes.

La hora de lectura es una parte importante del día.

Esta maestra usa sus manos y hace gestos con su rostro para contar un cuento a niños sordos.

La maestra explica que hay diferentes maneras de contar. Esta niña está usando un ábaco.

También dedican tiempo para ayudar a los niños con sus tareas escolares.

Este muchacho espera que el maestro le permita responder a la pregunta

En esta clase en el taller, los alumnos aprenden a trabaja de manera segura.

La enseñanza no siempre se realiza en las aulas. Estos niños están de paseo en el campo.

Esta clase se realiza en el laboratorio de informática.

Este alumno desea ser gimnasta. Su maestro le ayuda a entrenarse.

Los profesores ayudan después de clases. Este profesor de música tiene a su cargo los ensayos de la banda.

Esta profesora de ballet enseña a bailar a sus alumnas.

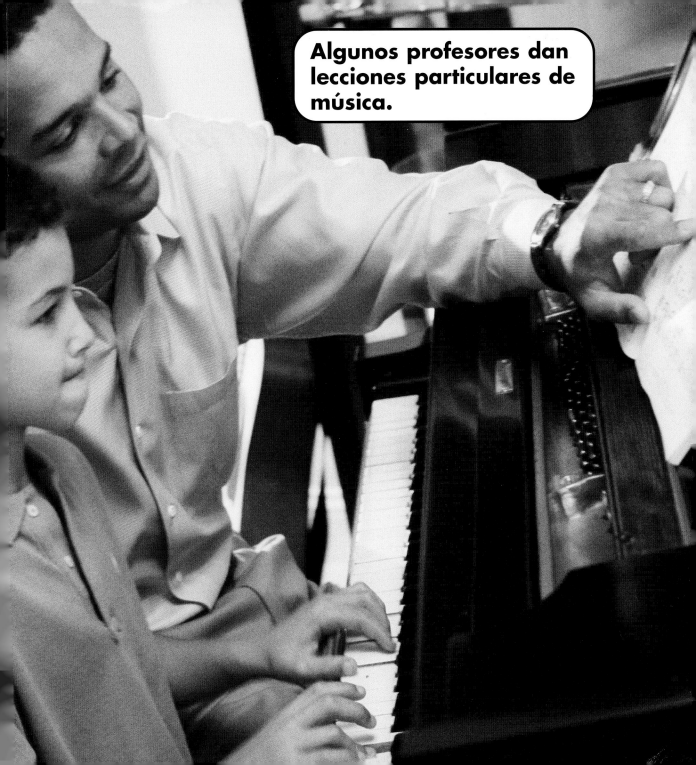